JOSEPH ROUSSE

CHANTS

D'UN CELTE

PARIS

ALPHONSE LEMERRE, ÉDITEUR

27-31, PASSAGE CHOISEUL, 27-31

1886

CHANTS D'UN CELTE

DU MÊME AUTEUR

———

AU PAYS DE RETZ

Poésies. — Un vol. in-12

———

POÈMES ITALIENS ET BRETONS

Un vol. in-12

———

POÉSIES

Un vol. petit in-16

———

CANTILÈNES

Un vol. petit in-16

———

POÉSIES BRETONNES

Un vol. in-12

JOSEPH ROUSSE

CHANTS
D'UN CELTE

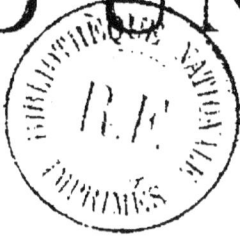

FAC ET SPERA

* A L *

PARIS

ALPHONSE LEMERRE, ÉDITEUR

27-31, PASSAGE CHOISEUL, 27-31

1886

A MA FEMME

Ces chants sont nés sous ton regard,
Sans souci de la rime riche.
Ils sont rassemblés au hasard,
Comme les fleurs d'un sol en friche.

Leurs lecteurs seront peu nombreux,
Mais, si l'étranger les délaisse,
Ils nous ont consolés tous deux,
Pendant nos heures de tristesse.

L'if est un arbre sombre et noir,
Qui porte de charmants fruits roses :
Dans la vie il faut bien avoir
Des rayons pour les jours moroses.

AU POULIGUEN

—

A M. HERMAN SEMMIG

———

La baie aux sables blancs se déroule au midi,
Devant un bois de pins où murmure la brise ;
Une mer azurée à petits flots se brise
Sur le môle du port par les algues verdi.

L'air des marais salants qui sent la violette
Arrive sur la plage aux balcons des chalets.
Les sardines d'argent en sortant des filets
Jettent dans le vieux bourg une odeur moins discrète.

Je vais longeant les quais et je cherche des yeux
Une maison antique à tourelle carrée,
Et d'un étroit fronton modestement parée ;
C'était là que jadis habitaient mes aïeux.

Cette maison n'est plus qu'une auberge vulgaire :
La famille a quitté son nid et l'a vendu.
J'aime y venir parfois comme un hôte inconnu,
Et j'y songe au vieux temps dont m'a parlé ma mère.

Ce toit sous la Terreur a caché des proscrits,
Des prêtres qui fuyaient vers les côtes d'Espagne,
Et d'autres qui passaient, errant dans la campagne.
Enfant, j'ai bien souvent écouté ces récits.

Mes aïeux y vivaient, petits bourgeois tranquilles,
Dont un pinceau naïf a conservé les traits.
Sous leurs cheveux poudrés, j'ai vu dans leurs portraits
Des fronts calmes et doux, ni hautains, ni serviles.

Ces barques qui s'en vont comme un essaim d'oiseaux,
Semblent de leurs désirs des images fidèles :
S'ils s'éloignaient, bientôt ils revenaient comme elles
A ce bourg de pêcheurs assis au bord des eaux.

LE PAGE DU ROI DE BOHÊME

Dans les champs de Crécy le vieux roi de Bohème,
Quoique aveugle, suivait Philippe de Valois.
Entre deux chevaliers, pour la lutte suprême,
Il se fit attacher, criant à pleine voix :

« Menez-moi bien avant au cœur de la bataille ;
« Que mon glaive soit rouge et flamboie au soleil ! »
Et sous son casque d'or il redressait sa taille,
Avec ses cheveux blancs aux fantômes pareil.

Derrière le héros marchait un jeune page,
Plume rose à la toque et pourpoint de velours.
Il était calme et brave au milieu du carnage,
Sur son maître veillant, pour lui porter secours.

Les flèches des Anglais pleuvaient comme la neige,
Raconte un chroniqueur ; et les soldats génois,
Ecrasés, se voyant sans mur qui les protège,
Jetaient leur arbalète et fuyaient vers les bois.

Les ennemis serrés s'avançaient en silence,
Et l'ombre à l'horizon chassait déjà le jour.
Le désordre était grand autour du roi de France.
Les plus vaillants seigneurs succombaient tour à tour.

Philippe de Valois recula plein de rage ;
Mais le roi de Bohème et ses deux chevaliers,
Résolus à mourir, dirent au jeune page :
« Vois si nos trois chevaux sont toujours bien liés. »

Puis sur les ennemis ensemble ils s'élancèrent,
Et l'aveugle abattait son épée au hasard.
Les lances des Anglais bientôt les arrêtèrent.
Le vieux héros tomba percé de part en part.

Le page combattait. « Va rejoindre ta mère, »
Lui criaient les vainqueurs : « Que viens-tu faire ici ? »
L'enfant se fit tuer, disant d'une voix fière :
« Ceux que j'aimais sont morts, je veux mourir aussi ! »

LE CHATEAU DE SUCINIO

A M. EDMOND ROUSSE,

DE L'ACADÉMIE FRANÇAISE

Le disque de la lune est plus blanc que l'argent
    Dans le ciel gris du crépuscule,
Tandis que le soleil, d'or fauve, à l'occident
Jette ses longs reflets sur les eaux d'un étang
    Qu'un vent froid de novembre ondule.

La campagne est déserte et l'antique château
    S'élève seul au bord des dunes,
Avec ses hautes tours qui bravent le marteau
Et ses murs que le temps a vêtus d'un manteau
    De lichens et de mousses brunes.

Point de porte à l'entrée : il n'a pour habitants
    Que la corneille et les reptiles.
Dans sa cour, si bruyante autrefois, je n'entends
Que l'assaut de la mer et la plainte des vents
    Sifflant parmi les joncs stériles.

Assis sur les remparts, je découvre les flots,
        L'Océan vert frangé d'écume,
Qui bat la côte morne en poussant des sanglots.
Le soleil a sombré derrière les îlots ;
        L'horizon s'est voilé de brume...

Comme je descendais, je vis entrer sans bruit
        Un mendiant et sa compagne.
Au fond de quelque tour ils cherchaient un réduit
Et venaient demander asile pour la nuit
        Au château des ducs de Bretagne.

EN ENTRANT EN SUISSE

—

A M. LE D^r CH. RENAULT.

———

Voici l'écusson rouge orné d'une croix blanche ;
Salut, Suisse, pays de noble liberté !
Ton histoire est sublime autant que ta beauté.
Sur elle avec amour le poète se penche,
Comme au pied de tes monts sur un lac enchanté.

Salut, sommets neigeux, vieilles tours isolées,
Cascades, bois profonds que dore le matin,
Humbles chalets vêtus d'écailles de sapin,
Assis dans les prés verts au penchant des vallées
Où tintent des troupeaux les clochettes d'airain.

Sur ces monts ont vécu les héros légendaires,
Ce jeune Tigurin, chef à l'âme de feu,
Qui vainquit les Romains au bord du Léman bleu ;
Saint Gall, qui défrichait la lande avec ses frères,
Apprivoisant les ours en leur parlant de Dieu ;

La bonne reine Berthe allant dans la campagne
Chercher les mendiants sur un blanc destrier,
En filant sa quenouille ou lisant son psautier ;
Pierre le Savoyard, le petit Charlemagne ;
Berthold de Zœringhen, le rude chevalier.

Ces tours auprès des lacs et ces châteaux gothiques
Rappellent les méfaits des baillis allemands,
Les héros du Grutli, fidèles aux serments,
Et Tell qu'on veut chasser des fastes historiques,
Mais qui vivra toujours en dépit des savants.

Dans les villes voilà, sculptés sur les fontaines,
Ces vaillants avoyers, landammans des cantons,
Dont la trompe d'Uri guidait les bataillons,
Quand au loin paraissaient les bannières hautaines
Des princes autrichiens ou des ducs bourguignons.

Terre de liberté, Suisse heureuse et tranquille,
Que Dieu garde tes monts du pas des conquérants,
Et qu'il tienne éloignés toujours de tes enfants
Les glaives de discorde et la haine civile,
Qui changent les drapeaux en étendards sanglants.

A MON FRÈRE

L'ART aussi t'a séduit, mon frère, et ton pinceau,
Amoureux de la mer qui berce ton vaisseau,
Veut saisir son éclat et ses couleurs changeantes
Dans le calme limpide ou l'horreur des tourmentes ;
Rendre l'aube éclairant un horizon vermeil,
Les flots bleus ou rosés pénétrés de soleil,
Ainsi que la rafale emportant les nuages
Avec les blancs oiseaux sous un ciel noir d'orages.

Quand j'esquisse en mes vers les rivages bretons
Où le menhir se dresse au milieu des ajoncs,
Tu peins ceux du Brésil aux cimes azurées
Reflétés dans les eaux verdâtres et nacrées,
Les palmiers d'Orient ombrageant un harem,
Les flots jaunes du Tage et la Tour de Belem.

Tous deux épris du Beau, de l'Art et des voyages,
Nous tentons d'exprimer nos rêves en images.
Peut-être cet instinct nous vient de nos aïeux.
Vieux marins, ils avaient regardé bien des cieux,

Et l'un deux, comme toi, mais de main moins légère,
Peignit Sucinio, ce château solitaire
Que ma plume impuissante a décrit et chanté,
Et dont il admirait la sauvage beauté.

L'Art est un dieu jaloux, une cruelle idole
Qui n'a que du dédain pour l'hommage frivole
Et demande parfois à ses adorateurs
Contre un pâle rayon de cuisantes douleurs.
Mais il a le sourire enivrant d'une femme,
Et tous deux nous l'avons laissé charmer notre âme.

SAINT-MICHEL DE CARNAC

— —

A M. ANTHIME MENARD

————·—

Le givre a changé les bruyères
En aigrettes de diamants.
La lande est blanche, et sur les pierres
La neige a mis des linceuls blancs.

Les menhirs semblent des fantômes
Alignés comme des soldats,
Passant sous ce ciel terne et bas
Pour rentrer aux sombres royaumes.

L'aurore d'un rayon tardif
Effleure la plaine glacée
Où marche, sans route tracée,
Seul, un vieux prêtre au front pensif.

Il songe aux races disparues
Et gravit le mont Saint-Michel.
Dans l'église aux murailles nues
Un enfant l'attend à l'autel.

Il revêt la chasuble noire
Et chante la messe des morts
Pour ceux qui sont couchés dehors
Et dont nul n'a gardé mémoire.

A l'office point d'assistants.
Au loin l'Océan se lamente,
Et l'on entend la voix bêlante
Des vanneaux au bord des étangs.

LE DRAPEAU BRETON

—

A M. VINCENT AUDREN DE KERDREL

———

Au clocher de Saint-Pol, sur le ciel bleu d'été,
Flottait un blanc drapeau semé d'hermines noires.
C'était jour de pardon dans la vieille cité.
Des étrangers passaient, ignorants de nos gloires,
　　　Et disaient : « Quel est ce drapeau ? »
Un homme aux longs cheveux, venu de la montagne,
Répondit : « Vous pouvez ôter votre chapeau :
　　　« C'est la bannière de Bretagne ! »

Oui, nos vieux ducs portaient, en allant aux combats,
Un écusson d'argent tout parsemé d'hermines.
Leur bannière était blanche et noire, et leurs soldats
La montraient fièrement aux nations voisines.
　　　A côté de Jean de Montfort,
Elle vit les Français, sous les remparts de Nantes,
Des otages bretons qu'ils avaient mis à mort
　　　Lui lancer les têtes sanglantes.

Les Trente la plantaient sur la lande aux fleurs d'or ;
Duguesclin l'arbora jusqu'au fond de l'Espagne,
Et devant Richemont elle brillait encor,
Quand avec Jeanne d'Arc il tenait la campagne.
      Puis vinrent les sinistres jours.
François Deux s'éteignit dans l'ombre et la tristesse,
Et la main des Français arracha de nos tours
      L'étendard de notre Duchesse.

Les siècles ont passé, mais au cœur des Bretons
Un amour est resté pour la vieille bannière.
Leurs monuments toujours sont ornés d'écussons
Où l'hermine est sculptée et peinte sur la pierre.
      Ainsi qu'au temps d'Alain Fergent,
L'église de nos bourgs, la vaste basilique,
Se parent de drapeaux avec un champ d'argent
      Semé d'hermines d'Armorique.

A ROBERT BURNS

VAILLANT Burns, pauvre âme brisée,
Triste et gai, toujours amoureux,
Sur tes vers perle la rosée,
Comme les larmes dans tes yeux.

J'aime ta Muse aux chants alertes,
Dont la graine rouge du houx,
Brillant parmi les feuilles vertes,
Couronne le front jeune et doux.

Ton livre sent la violette,
La fraise et les fleurs des ruisseaux.
On y voit passer l'alouette
Et le mauvis dans les bouleaux.

J'y trouve, presque à chaque page,
En suivant de jolis sentiers,
Quelque nouvelle et fraîche image,
Comme un nid dans les noisetiers.

2

Quand, aux jours sombres de l'automne,
Tu rencontrais la Pauvreté,
Pauvre, tu lui faisais l'aumône
De tes chants et de ta gaîté.

La vieille Ecosse t'était chère,
Et ta voix disait aux échos,
Sur les monts fleuris de bruyère,
La gloire des anciens héros.

DANS LE CIMETIÈRE DE THUN

Assis dans une tour au toit de poivrière,
Qui forme l'un des coins du petit cimetière,
Riaient joyeusement de jeunes officiers.
Ils ne regardaient pas au loin les blancs glaciers
Que le soleil couchant teintait de lueurs roses,
Ni le château voisin aux portes déjà closes,
Ni le lac bleu voilé de légères vapeurs,
Mais une jeune fille aux sourires moqueurs
Qui montait lentement, venant de la rivière,
L'escalier qui conduit au petit cimetière.
Elle avait dans la main un rameau de lilas.
Arrivée à la tour, elle pressa le pas,
Et sentant les regards des officiers sur elle,
D'un geste vif et fin, qui semblait un coup d'aile,
Sous sa narine rose elle passa la fleur,
Pour dire aux beaux soldats : « Un autre aura mon cœur.»
Et le geste fut fait de façon si piquante
Qu'un officier cria : « Quelle fille charmante ! »

LE CALVAIRE DE DIEPPE

A M. H. DE LA VILLEMARQUÉ

Le phare s'allumait au bout de la jetée ;
Le calvaire, étendant ses grands bras dans les cieux,
Regardait la mer grise, écumante, agitée ;
La nuit tombait ; le vent se levait furieux.

Bientôt on entendit sous les falaises blanches
Les flots hurler dans l'ombre et la bise mugir.
Le Christ, ainsi qu'un fruit secoué dans les branches,
Ébranlé sur sa croix, commençait à gémir.

Alors un vieux marin, tête nue, en silence,
Vint se mettre à genoux et prier le Sauveur,
Pour ses fils ballottés sur cette mer immense
Dont la rage sinistre épouvantait son cœur.

Lorsqu'un rayon du phare éclairait son visage,
On y voyait des pleurs qui roulaient de ses yeux.
Mais la clameur des flots grandissait plus sauvage
Et le Christ gémissait dans le ciel ténébreux.

Le vieux marin resta jusqu'au jour en prière ;
Et quand l'aube entr'ouvrit un horizon vermeil,
La barque de ses fils parut dans la lumière,
Bondissant sur l'eau verte en avant du soleil.

LE CHATEAU DU VEILLON

—

A LOUIS LINYER

———

Heureux celui qui trouve un petit coin du monde
Pour abriter ses jours dans une paix profonde,
Quand l'âme fatiguée a soif d'un vrai repos,
Loin des bruits de la ville et des âpres travaux.

Ami, tu l'as trouvé, charmant et solitaire,
Cet asile envié, dans ce vieux monastère
Près de la mer assis au penchant d'un coteau,
Et dont quelque seigneur fit jadis un château.
Avec ses cloîtres frais et ses salles voûtées,
Sa chapelle, ses tours par les paons habitées,
Son enceinte aux vieux murs de violiers couverts,
Ses jardins étagés, son bois de chênes verts
Qui s'étend sur le sable et vient border la plage,
Quel séjour souhaiter, plus doux et plus sauvage !

L'œil est de tous côtés ravi par l'horizon :
Un donjon ruiné dominant un vallon,
Des marais verdoyants semés de maisons blanches,
La mer bleue ou d'argent brillant parmi les branches.
Il est doux d'y passer quelques jours entre amis,
Causant d'art et de chasse, ou bien rêvant assis
Sur la dune, à l'abri du vent, près des grands chênes,
En regardant les flots et les barques lointaines.

Non, je n'oublierai point ces jours vite écoulés,
Éclatants de soleil ou de brume voilés,
Nos courses du matin en suivant les rivages,
La plainte des courlis, la nuit, dans les nuages,
Le sapin séculaire où s'endort le héron,
Ni les paons bleus perchés sur les tours du Veillon.

AUX POÈTES MÉCONNUS

Quand Maynard, le disciple et rival de Malherbe,
Chantait sa *Belle Vieille* en une ode superbe,
Il sentait son génie ; et se disant un jour
Que la Muse avait droit de réclamer du prince
Le prix de ses travaux, il quitta sa province
   Et vint d'Aurillac à la Cour.

Mais, raillé des rimeurs qui hantaient les ruelles,
Il se vit méprisé des marquis et des belles.
Nul ne comprit ses chants nourris de l'art ancien ;
Et lorsqu'il demanda de quelle récompense
Le roi paierait ses vers pleins de fière éloquence,
   Richelieu lui répondit : « Rien ! »

Alors, le cœur navré, mais maître de son âme,
Il revint vers les champs, et, conservant sa flamme,
Il attendit la mort sans crainte ni désir.
Il montra les puissants toujours près du naufrage ;
Il chanta les rochers, les bois au vert feuillage,
   L'amour et son doux souvenir.

Dès que la froide mort fit sa plume immobile,
A côté de Régnier, Racan et Théophile,
Son nom soudain prit place, entouré de rayons ;
On vanta de ses vers la savante harmonie,
Et les rimeurs obscurs qui niaient son génie,
     Ramassèrent leurs aiguillons.

LA MAISON DE LESAGE

Dans le pays de Rhuys, terre aride et sauvage,
Qu'environne la mer aux vastes horizons,
Où prêcha saint Gildas, l'historien des Bretons,
J'ai voulu saluer la maison de Lesage.
C'est un petit logis de notaire royal,
Au vieux bourg de Sarzeau. Quelques roses trémières
Fleurissaient près du seuil. Là vécurent ses pères.
Dépouillé par les mains d'un tuteur déloyal,
Lesage eut des soucis aux jours de sa jeunesse,
Mais l'amour vint bientôt consoler sa tristesse,
D'abord l'amour secret, tel qu'en connut Gil-Blas,
Puis l'amour pur et doux qui ne se cache pas.
Lui qui savait si bien les faiblesses humaines
Et tous les noirs replis qu'on trouve au fond des cœurs,
La bassesse des grands pour quêter des faveurs
Et leur servilité sous des formes hautaines,
Ainsi qu'un vrai Breton, fier de sa probité,
Il porta noblement la médiocrité.

Lorsque les Turcarets qu'effrayait son génie
Voulaient, pour l'acheter, lui verser des flots d'or,
Il fit voir le tableau de leur ignominie
Au théâtre où le monde entier l'admire encor.
Les hommes qu'il nous peint par le livre ou la scène
Se montrent bien souvent dignes de nos mépris ;
Mais, comme l'écolier, au bord de la fontaine,
Il faut savoir trouver l'âme de ses écrits.

NOIRMOUTIER

Le vieux château carré, flanqué de ses tourelles,
Au loin m'apparaît blanc sur le ciel bleu d'été.
J'écoute, dans les champs, les cris des sauterelles,
Par d'épais chênes-verts du soleil abrité.

La mer, autour de l'île azurée et brillante,
Jette dans l'infini son murmure éternel ;
Mais les pins se sont tus sous la chaleur brûlante ;
Aucun souffle de vent ne traverse le ciel.

Maisons blanches, figuiers, dôme lourd de l'église,
Colombes qui planez sur l'horizon riant,
Sables d'or, champs pierreux, terre fumante et grise,
Ne suis-je pas au bord d'une île d'Orient ?

Non, j'entends la chanson d'un pêcheur de Vendée.
Je foule un sol qui fut jadis couvert de sang.
Devant ces vieilles tours on fusilla d'Elbée,
Assis dans un fauteuil et presque agonisant.

J'aperçois les débris des anciens monastères
D'où cette île a tiré son histoire et son nom.
Dans leurs vastes jardins, maintenant solitaires,
Un jour passa Brizeux, le doux barde breton.

Quand reviendra décembre avec ses noirs nuages,
Ces côtes trembleront des assauts de la mer.
Le pêcheur de son seuil reverra des naufrages,
Et ces pins gémiront aux souffles de l'hiver.

SAINTE-ANNE D'AURAY

Au sommet de sa tour, dans sa robe dorée,
Sainte Anne, des Bretons souveraine adorée,
Plane sur le pays des landes et des bois.
Sceptique ou vrai croyant, passant, qui que tu sois,
Salue avec respect cette image bénie !
Un peuple de douleurs, multitude infinie,
Devant elle a trouvé l'espoir et le repos.
Les pauvres, les petits, pour lui conter leurs maux,
Viennent des monts lointains et des côtes sauvages ;
Et lorsqu'en approchant ils voient, dans les nuages,
Briller cette statue, au sommet de la tour,
Ils tombent à genoux, priant avec amour.

CONSOLATION

Souvent je me suis plaint des douleurs de la vie ;
Malade, j'ai traîné bien des jours languissants :
J'ai regardé parfois avec des yeux d'envie
L'homme pauvre mais fort qui laboure les champs.

Et pourtant j'ai connu l'amour et la richesse ;
L'Art m'a tendu sa coupe aux bords parés de fleurs ;
La Muse m'a souri dans ma triste jeunesse,
Eclairant d'un rayon mes ombres et mes pleurs.

J'ai pu voir la Nature en ses beautés sublimes :
Les pics neigeux saignant des flêches du soleil,
La lune se mirant dans les glaciers des cimes,
Et sur l'Océan vert l'aube d'un jour vermeil.

J'ai vu tomber des monts la cascade irisée ;
J'ai rêvé sur le bord des lacs bleus et dormants ;
J'ai cueilli l'aubépine aux murs du Colisée
Et le cyclamen rose entre les marbres blancs.

Tant d'autres sont restés sans amours et sans joie !
Tant d'autres n'ont connu ni la Muse ni l'Art,
Dont la misère a fait obstinément sa proie,
Et qu'une lente mort vient délivrer trop tard !

Heureux celui qui trouve à son foyer paisible
Un amour sûr et doux et des enfants joyeux !
Si la douleur sur moi jette sa main terrible,
J'ai des êtres chéris pour reposer mes yeux.

LE POÈTE IDIOT

Lui dont l'esprit vivait dans un monde idéal
Eclairé d'un soleil aux lueurs merveilleuses,
Le voilà dans la nuit ! Son regard bestial
Ne voit ni les beautés, ni les formes hideuses.

Ses compagnons chéris, Gœthe, Horace et Mozart,
Sont loin. Des idiots à la lèvre pendante
Vivent autour de lui, troupe morne et souffrante ;
Et comme eux, il n'a plus qu'un sourire hagard.

Il ne reconnaît point ses amis qui naguère
Ecoutaient ses beaux vers le soir, au bord des flots.
Il ne reconnaît plus sa pauvre vieille mère.
Rien n'éveille son cœur, pas même les sanglots.

Sous cette triste chair l'âme est ensevelie,
En attendant la mort et le jour du réveil.
Dieu puissant, gardez-nous de cet affreux sommeil
Par qui toute beauté dans l'homme est avilie !

UN SOIR DANS LES ALPES

La bise âpre sifflait à travers la vallée ;
Les glaciers entrevus sous la lune voilée
Semblaient des spectres blancs dressés à l'horizon.
J'entendais près de moi frissonner le gazon,
Et me pris à penser au lointain cimetière
Où, dans l'herbe, est couché le tombeau de ma mère.

Quand les êtres aimés sont morts et que le temps
Sur notre âme a versé ses baumes consolants,
Une angoisse parfois nous saisit et réveille
Au plus profond du cœur la douleur qui sommeille.
Nous sentons que jamais nous ne reverrons plus
Ceux qui nous ont chéris, que nous avons perdus.
Leurs visages pâlis par la longue souffrance
Dans notre souvenir se lèvent en silence.
Ils sont là, devant nous, tels que les fait la mort,
Et l'angoisse nous pousse à désirer leur sort !

Ainsi navré, j'errais dans ces Alpes sauvages.
Je revis en esprit mon bourg et ses rivages,
La mer grise, un chemin parcouru trop souvent,
Des peupliers toujours agités par le vent,
L'enclos plein de cyprès, de croix et d'herbes vertes,
Autour du champ des morts quelques vignes désertes ;
Et je croyais entendre encore à l'horizon
Le sourd mugissement de l'Océan breton.

SOL JUSTITIÆ

Quand l'homme a rejeté sa dernière espérance
Et que, doutant du ciel, il aspire au néant,
Il doit sentir au cœur une atroce souffrance
En quittant pour jamais sa femme et son enfant.

Bien que notre avenir soit voilé de mystère,
Et que nul n'en ait pu sonder l'obscurité,
Espérons en Celui qui nous mit sur la terre.
Il paiera nos douleurs par l'immortalité !

D'où nous viendrait l'instinct profond de la justice,
S'il n'était un rayon tombant de Dieu sur nous ?
Pour les tyrans heureux où serait le supplice,
Si la Mort leur faisait un abri contre tous ?

LE VŒU D'UN POÈTE

—

A LA MÉMOIRE D'ÉMILE PÉHANT

———

Comme le postillon du poète Lenau
Qui sonnait du clairon devant un cimetière,
Pour charmer son ami couché dans le tombeau,
Au milieu de l'oubli, j'adresse un chant nouveau
A mon vieux compagnon endormi sous la terre.

Il me disait souvent durant ses derniers jours :
« Je vieillis; je voudrais revoir encor Guérande,
« La ville où je suis né, la ville aux vieilles tours
« D'où l'on domine au loin la mer bleue et la lande.

« Venez ; nous reverrons ensemble ses remparts,
« Leurs créneaux de granit que des rosiers couronnent,
« L'eau sombre des fossés où les roseaux frissonnent,
« Au pied dès peupliers le long des murs épars.

« Le soir nous entrerons dans l'église gothique,
« Quand le soleil couchant, sous ses profonds arceaux,
« A travers les couleurs des éclatants vitraux
« Jette dans l'ombre noire une lueur mystique.

« Nous verrons les tombeaux des nobles chevaliers,
« Et près d'eux, à genoux, aux messes du dimanche,
« Portant le manteau court et la culotte blanche,
« En pourpoint rouge ou vert, quelques vieux paludiers.

« Nous marcherons sans bruit sur l'herbe de ces rues
« Que bordent des couvents et de vastes hôtels
« Où d'anciens écussons, dans les cours entrevues,
« Parlent encor de gloire et de noms immortels. »

C'était là votre rêve, ô fier et doux poète,
Mais la mort a passé. Seul, par un jour d'hiver,
J'ai revu, le cœur plein d'un souvenir amer,
La ville aux vieilles tours où soufflait la tempête.

LE TRIOMPHE DE DANTE

Quand Guido Novello, podestat de Ravenne,
Vit mort dans sa cité le poète divin,
Dante, qu'avait banni le peuple florentin
Et qui, de ville en ville, avait traîné sa peine,

Il voulut réparer l'injustice du sort.
Sur un char somptueux, la face découverte,
Le front livide ceint d'une couronne verte,
Au tombeau fut conduit le grand poète mort.

C'est ainsi, trop souvent, qu'est payé le génie.
On dépose la palme auprès d'un corps glacé.
Quand les yeux sont éteints, que le souffle a cessé,
Qu'importent les lauriers, l'exil ou l'ironie ?

CHANSON D'AVRIL

———

Le poirier sauvage est fleuri,
La jacinthe ouvre ses clochettes,
Le saule est déjà reverdi
Dans les prés blancs de pâquerettes

Sur les étangs clairs et nacrés
Les renoncules sont écloses,
Et dans les marais inondés
Les herbes ont des teintes roses.

Mais les chênes sont toujours gris
Et la bruyère est sèche encore
Sur la lande, au bord des taillis
Que de sa fleur l'ajonc seul dore.

Le chant printanier des coucous
Vole de colline en colline,
Mais le vent fait pleurer les houx
Et l'air est voilé de bruine

Dans les champs le jeune berger
Garde encor son manteau de bure.
Son cœur dort ; il va s'éveiller
Et fleurir avec la nature.

LA LIBERTÉ

———

O liberté, combien as-tu d'amis fidèles
Parmi ceux dont la bouche est pleine de ton nom ?
Les peuples et les rois voudraient briser tes ailes
Et t'enchaîner dans l'ombre aux murs d'une prison,
Dès que ton flambeau luit sur leurs mains criminelles.

L'homme dit en son cœur : je veux la liberté ;
Mais s'il ne met un frein aux désirs de son âme,
Contre l'homme son frère il s'est bientôt heurté ;
La haine dans leurs yeux vient allumer sa flamme ;
Le germe des combats sur la terre est jeté.

Quand Phocion disait aux citoyens d'Athènes :
« Soyez justes, » sa voix ne trouvait point d'échos ;
Et lorsque les chrétiens mouraient dans les arènes,
Sous les dents des lions qui leur broyaient les os,
C'était aux cris joyeux des vestales romaines.

La vierge au casque d'or, au glaive étincelant,
La Justice partout doit être ta compagne,
Liberté ! Ton flambeau sans elle est vacillant
Comme ces feux trompeurs qu'on voit dans la campagne,
La nuit, au bord d'un sol fangeux et chancelant.

LAUSANNE

Quand j'avais traversé d'Évian à Lausanne
Le merveilleux Léman, si bleu, si diaphane,
Pur saphir entouré par des sommets neigeux,
Devant la tour d'Ouchy, je débarquais joyeux
Et j'allais contempler le vieux palais gothique,
La belle cathédrale et son charmant portique
D'où l'on voit les grands monts s'incliner vers les eaux
Et Lausanne étagée aux flancs de ses coteaux.
Puis j'entrais au musée et là, seul, en silence,
J'admirais l'art savant, la sévère élégance
De la fleur de ton œuvre, ô Gleyre, ô maître exquis :
Davel sur l'échafaud mourant pour son pays,
Hercule aux pieds d'Omphale, esclave volontaire,
Les Apôtres partant pour éclairer la terre,
Les Romains, sous le joug, défilant deux à deux,
Devant les Helvétiens entassés autour d'eux,
Pendant que, sur son char, une prêtresse chante
Et qu'un enfant cruel, à la tête riante,

Présente une quenouille à ces soldats vaincus.
Le jour, baissant trop tôt, d'un nuage confus
Sur les toiles couvrait la radieuse image.
Je regagnais alors lentement le rivage,
Et, repassant le lac, je me plaisais à voir
La vieille tour d'Ouchy dans la pourpre du soir.

ARMANDE

Votre jeune cousine est morte, mes enfants.
Vous ne la verrez plus sur son lit de souffrance,
Avec ses grands yeux bleus, tristes et souriants,
Qui, malgré la douleur, conservaient l'espérance.

La vie a lentement quitté son pauvre corps.
Ses pieds s'étaient glacés, ses mains s'étaient raidies ;
Le jour ne brillait plus au fond de ses yeux morts ;
Sa voix interrogeait encor des voix chéries.

Elle disait : « Comment vivrais-je ainsi longtemps ?
« Je ne puis plus vous voir ; tout en moi devient sombre ;
« Je ne sens plus mon corps ; pourtant je vous entends
« Auprès de moi prier et sangloter dans l'ombre. »

Puis sa voix s'éteignit ; sa tète se pencha ;
Un souffle aussi léger qu'un souffle d'hirondelle
De ses lèvres sortit. Sa mère s'approcha :
L'âme avait regagné la patrie éternelle.

Pornic, septembre 1885.

L'OBÉLISQUE DE MI-VOIE

L'aurore se lève empourprée,
La voûte du ciel est dorée,
Les coqs chantent dans les hameaux.
Sur la route silencieuse,
Tinte, sautillante et joyeuse,
La sonnette de nos chevaux.

Le postillon sur la colline
Me montre un bois qui la domine,
Sombres mélèzes, noirs sapins.
C'est là que, dans une clairière,
S'élève une aiguille de pierre,
Gardant des souvenirs lointains.

Là sont gravés les noms des *Trente*,
Dont la gloire est encor vivante,
Quand tant d'autres sont oubliés !
Le passant s'arrête à les lire.
Enfant ou vieillard, il admire
Beaumanoir et ses chevaliers.

Nous descendons dans la clairière.
Devant l'obélisque de pierre
Est un bouquet de fleurs des champs.
Qui vint déposer cet hommage ?
Peut-être un poète en voyage,
Ou quelque fils de paysans.

LA GRANDE BRIÈRE

A GABRIEL MÉRESSE

Qu'ils étaient frais et verts, ces chemins de Bretagne
Où nous errions ensemble autour de ton manoir ;
Ces sentiers de taillis perdus dans la campagne
Où l'engoulevent jette un cri rauque le soir !

Nous allâmes un jour au bord de la Brière :
Les petits saules bruns dans les marais tourbeux
Exhalaient au soleil un parfum capiteux ;
L'eau ne recouvrait plus la plaine solitaire
Et s'était retirée en ses étroits canaux
Bordés de tamarins, de joncs et de roseaux.
La tourbe découpée au fond des marécages
Séchait en monceaux noirs aux abords des villages.
Tourbe au feu doux, aimé des paysans bretons,
C'est devant ta fumée aux bleuâtres flocons
Que l'hiver, près de l'âtre, à l'heure des veillées,
Les femmes en filant leurs blondes quenouillées,

Racontent les hauts faits des nains et des géants,
Les beaux contes semés d'or et de diamants,
Les trésors déposés sous les menhirs des landes,
Tous les récits charmants des antiques légendes !

Au loin sur les coteaux s'alignaient des sapins,
De la Grande Brière indiquant les confins.
Le marais n'était plus qu'une prairie immense
Où l'herbe fleurissait, où régnait le silence.
Des troupeaux y paissaient, gardés par des enfants ;
Dans le ciel nuageux volaient des *combattants*,
Tandis que des hérons sur les prés immobiles
Regardaient comme nous ces horizons tranquilles.

Manoir de Lessac, 1884.

DANS LE TEMPLE DE SAINT-PIERRE

A GENÈVE

———

Je sais la vanité de la pensée humaine
En face des secrets de l'immense univers,
Et que sur l'infini toute recherche est vaine,
Dieu voulant se cacher aux saints comme aux pervers ;

Mais je vois la Beauté qui brille sur le monde
Et l'Ordre qui régit les astres radieux ;
Les feux sont mesurés ; un niveau retient l'onde ;
Je sens qu'un Maître veille aux profondeurs des cieux.

Calvin, âpre génie, âme triste et sévère,
C'est un Dieu sombre et dur que tu fais entrevoir.
Dans ton temple glacé, trop souvent solitaire,
Le froid saisit le cœur enclin au désespoir.

Non, celui qui créa la femme blanche et rose,
Les lacs bleus, le soleil, la colombe et le vin,
Qui fit germer l'amour au fond de toute chose,
N'est pas le Dieu cruel que tu rêvais, Calvin !

———

LA CLOCHE DU BOUFFAY

La neige tombe à flots sur la ville endormie.
La tour de Sainte-Croix dans le ciel ténébreux
Dresse au-dessus des toits son cadran lumineux.
Le fleuve entre ses quais roule une onde assombrie.

Au milieu du silence, un joyeux carillon
Chante dans le beffroi, qu'entourent des statues
Elevant leurs clairons inertes vers les nues ;
Puis pour marquer minuit tonne le gros bourdon.

Tout le quartier prochain tremble au bruit du colosse ;
Un passant attardé s'arrête en écoutant.
Il songe au temps passé, quand ce bourdon tonnant
Sonnait pour annoncer quelque supplice atroce.

Tout près de là, jadis, au sommet d'un donjon,
Il vibrait, aux grands jours de terreur ou de fête :
Il sonna, quand Chalais courba sa jeune tête,
Quand Pontcallec mourut pour le peuple breton.

Vieille tour du Bouffay, fantôme de l'histoire,
Qui vis Conan-le-Tort, Louis Treize et Carrier,
Le passant, regardant la neige tournoyer,
Regrettait dans le ciel ta silhouette noire !

Nantes.

A CONCARNEAU

———

Debout au bord de l'eau, sous un rempart gothique,
Parmi les mâts penchés des barques de pêcheurs,
Une jeune Bretonne, en son costume antique,
D'une exquise beauté, plus fraîche que les fleurs,
Regarde l'Océan avec des yeux rêveurs.

Ses cheveux blonds charmants, aussi fins que la soie,
Voltigent sur son front au vent frais du matin.
A l'entour de son cou largement se déploie
Sa blanche collerette, et la blancheur du lin
Fait briller ses yeux bleus et l'éclat de son teint.

Elle attend les pêcheurs, mais je vois autour d'elle
Quelques jeunes soldats qui rôdent sur les tours,
Ainsi que des milans guettant une hirondelle.
Dans cet îlot de pierre, ils sont bien longs les jours!
Prends garde, blonde enfant, prends garde à leurs amours!

———

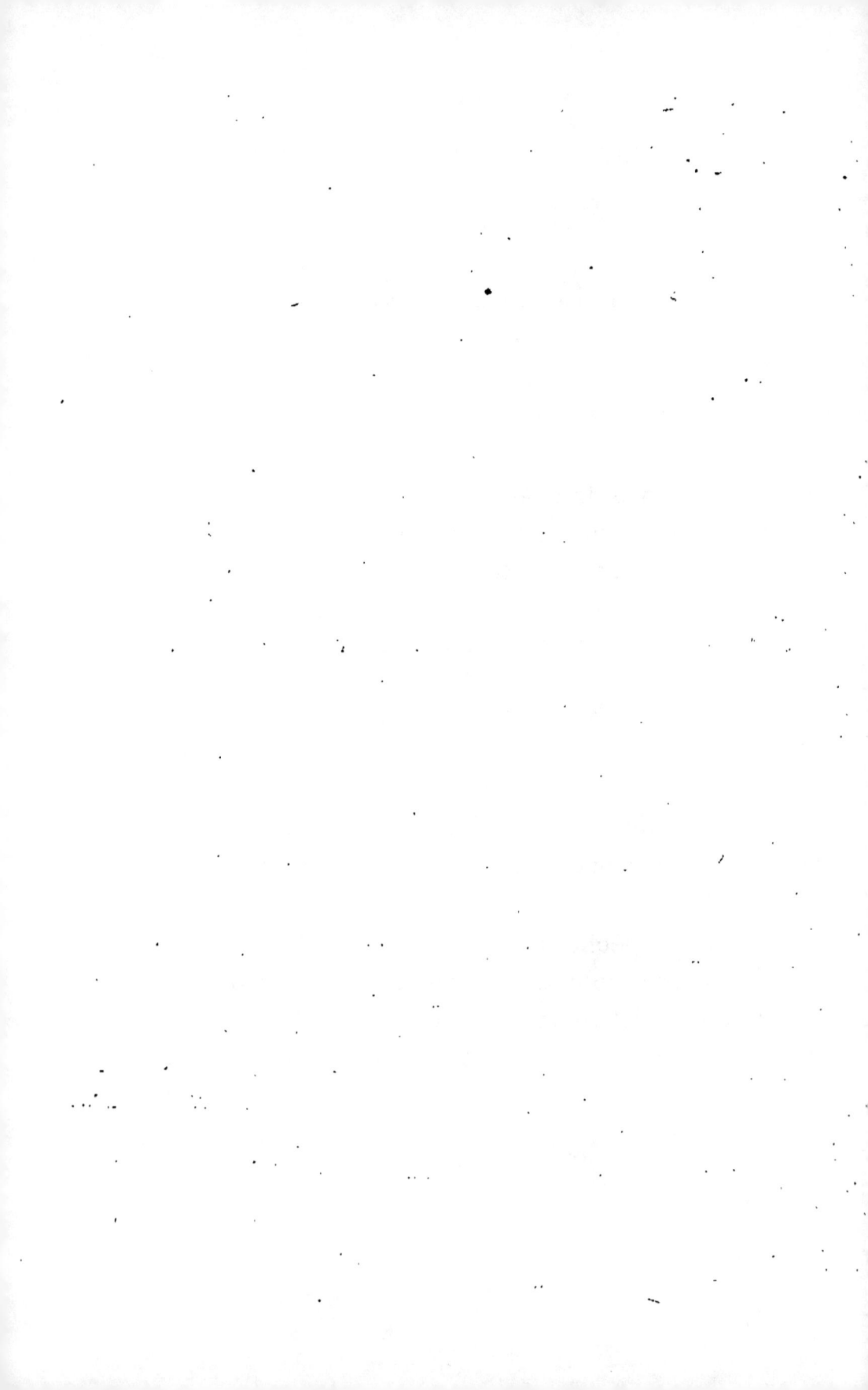

CRÉPUSCULE D'HIVER

A l'horizon rosé le croissant d'or s'élève ;
La neige sur la plaine étend son linceul blanc.
Dans le ciel de cristal où les poursuit mon rêve,
Des courlis accouplés passent en gémissant.

Les bateaux des pêcheurs sont couchés sur la grève ;
La mer semble dormir, calme comme un étang ;
A peine sur ses bords une vague soulève
Avec un bruit léger quelques franges d'argent.

Seul debout au sommet de la côte rocheuse,
Le gardien du vieux phare attend la fin du jour
Pour allumer sa lampe au faîte de la tour.

Beau soir limpide et froid, dans mon âme fiévreuse
Apaise la pensée et son tourment amer ;
Calme ses flots, troublés comme ceux de la mer !

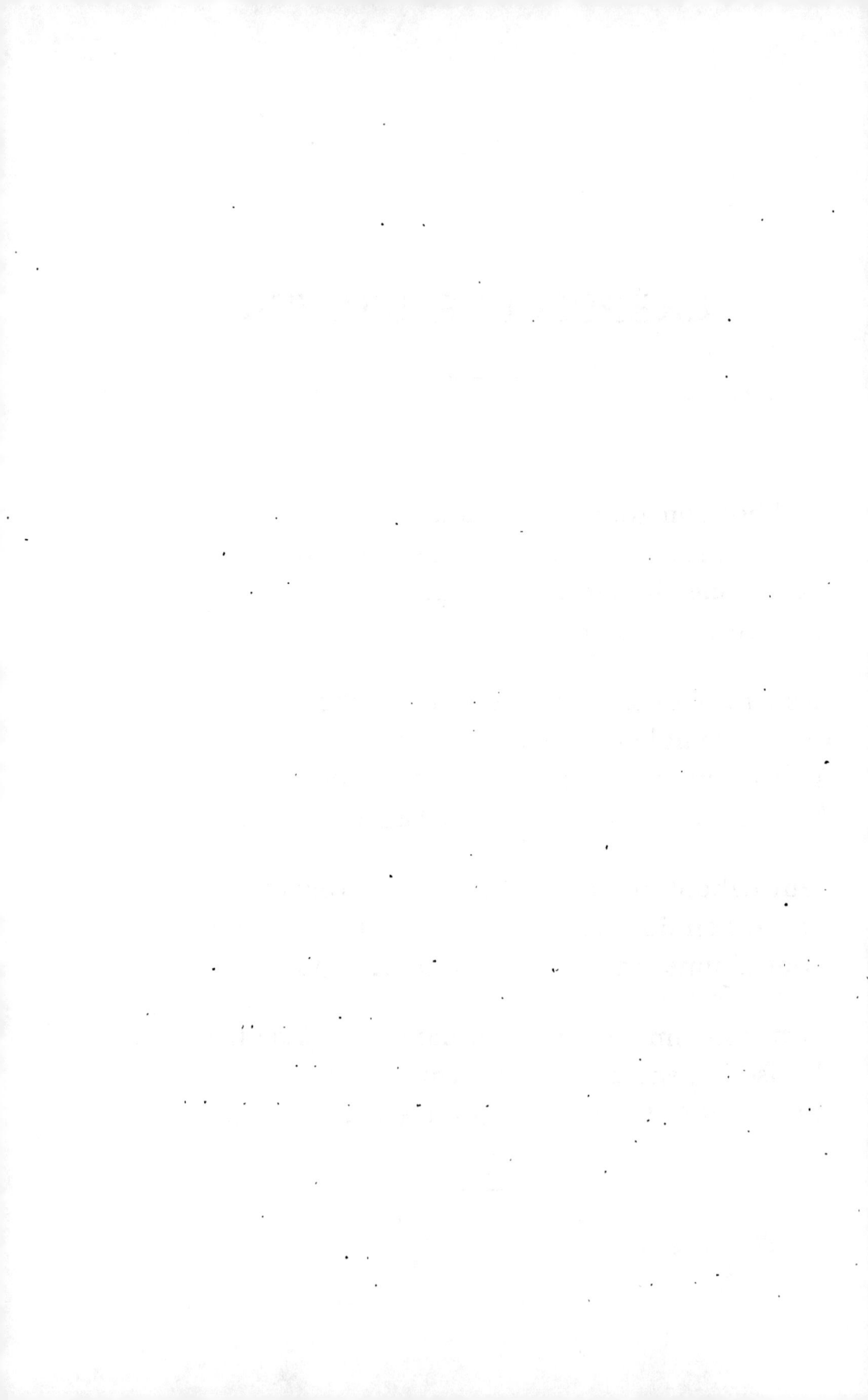

LE PASSEUR

Le châtaignier superbe a pris ses teintes d'or ;
Les frênes ont rougi ; le sapin toujours sombre,
Isolé dans les bois, se dresse comme une ombre.
L'automne a déployé son plus riche décor.

L'horizon est tendu de vapeur violette,
La bruyère est encor rose sur les coteaux ;
Ces brillantes couleurs, que le fleuve reflète,
Se fondent doucement et tremblent dans ses eaux.

Il coule avec lenteur, le grand fleuve aux eaux grises,
Calme et silencieux entre ses bords déserts.
Seul, dans son bac assis, parmi les roseaux verts,
Le vieux passeur attend, le front nu sous les brises.

Ses cheveux ont blanchi sur ce fleuve. Au matin,
Il passe les bergers qui s'en vont dans les îles ;
Le soir, il les ramène, et, comme le Destin,
Il voit les pleurs, la joie avec des yeux tranquilles.

Impassible témoin, son cœur semble glacé.
C'est un ancien soldat, sans enfants ni compagne
Son chien gémira seul à travers la campagne,
Quand à son tour la Mort un jour l'aura passé.

PAQUES FLEURIES

C'ÉTAIT dans un bourg de Bretagne :
Les paysans sous le ciel gris
Venaient à travers la campagne,
Portant des romarins fleuris.

Ils entraient dans le cimetière
Et s'y groupaient en rangs pressés,
Foulant l'herbe et la primevère
Sur les tombes des trépassés.

Une cloche antique et fêlée
Tintait dans la tourelle à jour ;
Le prêtre, avec la croix voilée,
De l'église faisait le tour.

Il s'arrêta devant la porte,
Et prenant le pied de la croix,
D'une voix solennelle et forte
Il chantait en frappant trois fois :

« Ouvrez-vous, portes éternelles,
« Car voici le Roi glorieux ! »
Et dans l'église des voix grêles
Répondaient : « Entrez, Roi des cieux ! »

Aussitôt les portes s'ouvrirent :
La foule entra sous les arceaux
Où les romarins répandirent
Le frais parfum des verts rameaux.

LA MOUETTE

A MA BELLE-SŒUR MARIE

Quand les vagues, dressant leurs crêtes écumantes,
Sous les nuages noirs déchirés par l'éclair,
Se poursuivent ainsi que des chiennes hurlantes,
Au bruit de l'ouragan déchaîné sur la mer,

On voit parfois planer, seule au milieu des nues,
Sans crainte de la foudre et se berçant au vent,
Une blanche mouette aux ailes étendues.
Elle croit aux beaux jours et, tranquille, elle attend.

N'est elle pas alors pareille à l'âme humaine
Dans l'infini perdue et pourtant sans'effroi,
N'ayant pour se guider qu'une flamme incertaine,
Mais croyant au bonheur, d'une indomptable foi !

MUSA ALES

Les oiseaux sont vraiment messagers de la Muse ;
A les suivre en rêvant quelle âme se refuse ?
Un flamant rose au bord des étangs argentés,
Un ibis rouge au front doré d'un temple antique,
La cigogne debout sur un clocher gothique,
Un pétrel s'envolant vers les flots azurés,
Une mésange bleue autour d'une chaumière,
Nous emportent l'esprit dans un ciel de lumière,
Où l'ombre des soucis se dissipe un instant,
Où nous croyons toucher au bonheur qu'on attend !

LA GUERRE

On avait dit : « Voici l'aube des jours heureux ;
« La Science est venue et va chasser la Guerre.
« Les hommes seront doux sous sa pure lumière ;
« Un voile ensanglanté tombera de leurs yeux. »

Les savants ont parlé ; mais leurs doctes paroles,
Que dissipe le vent, n'ont point changé les cœurs.
Les hommes aveuglés conservent pour idoles
L'or et des dieux de chair excitant leurs fureurs.

L'Indien sous sa hutte en aiguisant ses armes
Se plaît à méditer des supplices nouveaux.
L'Europe comme lui semble trouver des charmes
A créer des engins pour peupler les tombeaux.

Mystérieux penchant de l'homme vers la guerre,
Sombre appétit du sang, qui donc vous éteindra ?
Pourtant la voix divine a dit sur le Calvaire :
« Aimez-vous ; » viendra-t-il un jour qui l'entendra ?

LA COUPE DU VARECH

—

A M. OLIVIER BIOU

———

La mer s'est retirée en découvrant la grève ;
A peine l'on entend son murmure lointain.
Le ciel est clair et bleu. La brise du matin
Souffle sur les rochers d'où la brume s'enlève.

Et ces rocs sous-marins, monstres noirs, bruns et verts,
Parmi les flaques d'eau dont l'azur étincelle,
Paraissent endormis, de goëmons couverts.
Sur eux vont se poser la barge et l'hirondelle.

Mais tout un peuple armé qui descend des coteaux,
Vient prendre à ces rochers leur sombre chevelure.
C'est le jour où la Loi lui livre leur parure.
Hommes, femmes, enfants ont quitté les hameaux.

La côte retentit sous des chars innombrables.
Les airs sont pleins de cris, d'appels et de chansons.
Une foule aux pieds nus s'agite sur les sables,
Arrachant le varech pour fumer les sillons.

Au loin la mer immense, avec un doux murmure,
Semble attendre ces nains qui dépouillent ses bords.
Pour vêtir les rochers et remplacer les morts
Il te faut peu de temps, ô féconde nature !

UN JOUR DE PLUIE

La pluie à flots tombait du ciel brumeux et gris.

J'entrai pour m'abriter dans une vieille église
Sombre, humide, où brillait d'une lueur exquise
Une rosace immense, un astre de rubis,
De cristal azuré, d'argent et d'améthyste,
Fleur merveilleuse due à quelque obscur artiste.
Au centre un lion rouge éclatait sur fond d'or.
Alentour rayonnaient de douces têtes d'anges,
Des symboles pieux et des blasons étranges,
Dans des trèfles de pierre, admirable décor.

Je m'assis ; j'étais seul. Sous les toits de l'église
Le bruit du vent berçait ma pensée indécise.
Je restai là longtemps, les regards éblouis....

La pluie à flots tombait du ciel brumeux et gris.

Pont-l'Abbé.

UN VILLAGE

Le village est assis au milieu des futaies,
    Dans un étroit vallon.
Un frais jardin s'étend, fermé de vertes haies,
    Devant chaque maison.

Les toits de chaume sont tout veloutés de mousses,
    Et de blancs cerisiers
Balancent alentour avec des senteurs douces
    Leurs bouquets printaniers.

L'aunée aux disques d'or et la menthe sauvage
    Bordent les clairs ruisseaux,
Qui courent, gazouillant à travers le village,
    En tombant des coteaux.

Au centre est un vieux puits enguirlandé de lierre
    Et de liserons blancs,
Où, pour emplir d'eau pure une buire de terre,
    Se rendent des enfants.

Le soleil de midi darde sur la vallée ;
　　　Je n'entends sous les cieux
Qu'un chant aigre et perçant de pintade isolée;
　　　Tout est calme et joyeux.

Malgré tant de chagrins qu'avec lui l'homme emporte,
　　　Il me semble qu'ici
On trouve un peu de paix, et que l'âme est plus forte
　　　Et plus heureuse aussi.

LES JEUNES FILLES DE TRÉBOUL

Oh ! ce fut un spectacle à déchirer le cœur,
Quand on vit dans l'usine, aux lueurs des lanternes,
Vingt cadavres rangés, effrayants de pâleur,
Aux vêtements mouillés, aux yeux vitreux et ternes,
Et les mères près d'eux éclatant en sanglots
Et maudissant le ciel, la nuit sombre et les flots !

Regardez ce village, au bord de l'estuaire,
Mirant dans l'onde verte un joli clocher blanc.
C'est là qu'elles allaient, dans le bac, en chantant,
Malgré le vieux passeur et raillant sa colère.
Il leur disait en vain : « Mon bac est trop étroit
Pour vingt filles ensemble ; et la mer est houleuse. »
C'était un soir sans lune, un soir humide et froid ;
Le phare ne semblait qu'une étoile brumeuse.

Une lame survint ; on entendit des cris ;
Vingt cadavres roulaient sous les eaux engloutis.

6

Un jour de mai brillant d'azur et de lumière,
J'ai passé sur ce bac, guidé par un enfant,
Pour voir les vingt tombeaux dans l'humble cimetière.
Ils étaient là pareils, tous en un même rang,
Petits tertres fleuris des premières jonquilles.
L'air était pur ; la mer scintillait au soleil ;
L'enfant me racontait votre mort, jeunes filles;
Sa voix douce n'a point troublé votre sommeil.

Douarnenez, mai 1885.

HERCULE ET NESSUS *

A M. ELIE DELAUNAY

Le centaure, emportant dans ses bras Déjanire,
  Fuyait au galop vers les monts.
Elle, pâle, éperdue en voyant son délire,
  De cris remplissait les vallons.

Nessus apercevait dans la chaude lumière
  La caverne où, parmi les fleurs,
Elle oublierait bientôt sa douleur passagère,
  Sous des embrassements vainqueurs.

Il pressait ce beau corps de ses lèvres ardentes,
  Ivre déjà de volupté ;
Mais il fallait passer les ondes écumantes
  D'un grand fleuve au cours argenté.

* Toile de M. Elie Delaunay au Musée de Nantes.

Il nage fièrement. Soudain paraît Hercule,
　　Comme il gravissait l'autre bord.
Une flèche l'atteint ; le centaure recule
　　Et se renverse dans la mort.

LA CHAPELLE DE RECOUVRANCE

A PORNIC

———

Dans les brumes de mon enfance,
Je vois au milieu des lauriers
La chapelle de Recouvrance
Près du manoir des chevaliers.

Qu'elle était modeste et petite !
Des cyprès dépassaient son toit.
L'oratoire d'un vieil ermite
Ne pouvait être plus étroit.

On voyait une humble clochette
A son faîte se balancer.
Le vent dans les soirs de tempête
Par instants la faisait tinter.

Autour était un cimetière
Abandonné depuis longtemps,
Où croissaient, au pied d'un calvaire,
Les fenouils verts et frissonnants.

Je me souviens des mauves blanches
Qui fleurissaient sur les tombeaux,
Du seuil tapissé de pervenches
Et du jour sombre des vitraux.

Qui songe encore à la chapelle
Disparue avec ses lauriers ?
Le temps fera tomber comme elle
Le haut donjon des chevaliers.

    Pornic.

L'ANSE DES ÉTANGS

Sur le rivage, au pied des dunes,
S'étendent de vastes étangs
Bordés de roseaux frémissants
Qui portent des quenouilles brunes.

Le trèfle d'eau, quand vient l'été,
Y lève sa fleur blanche et rose,
Près du nénuphar velouté
Où la libellule se pose.

Dans les sables les chardons bleus
Au soleil teignent leurs feuillages,
A côté des œillets sauvages
Et d'euphorbes aux sucs laiteux.

A l'infini, devant cette anse,
Plaine verdâtre aux plis d'argent,
L'Océan se déroule immense,
Tantôt calme et tantôt changeant.

Que pense en regardant les ondes
Le jeune pâtre aux longs cheveux,
Qui dans le vallon sablonneux
Marche suivant ses brebis blondes ?

Rien sans doute. Il a toujours vu
La mer, les étangs et les grèves.
Il vivra comme il a vécu,
Sans être troublé par les rêves.

LA CROIX DE LA PLAINE

Dans les champs de froment qui couvrent la presqu'île,
Près d'un petit village ombragé d'un cormier,
S'élevait une croix vieille et de bois fragile,
Qui me plaisait jadis quand j'étais écolier.

Je l'avais vue un jour où des guirlandes vertes
Ornaient ses bras noircis de feuillage nouveau :
A la lance pendaient des roses entr'ouvertes ;
Sur l'éponge de fiel chantait un passereau.

Ce souvenir restait au fond de ma mémoire,
Embelli des rayons de mon âme d'enfant ;
Et cette vieille croix sans sculpture, humble et noire,
M'apparaissait de loin dans un nimbe éclatant.

Je l'ai revue un soir : la lance était dorée ;
Nul oiseau ne chantait sur l'éponge de fiel ;
C'était la même croix, mais peinte et restaurée,
Et le charme s'était envolé dans le ciel.

La Plaine, près Pornic.

AVANT L'ORAGE

Au couchant le ciel prend une couleur de fer.
Des nuages cuivrés s'élèvent de la mer
Et lancent en montant quelques éclairs livides.
L'ombre du soir s'étend sur les dunes arides.
L'air est lourd, embrasé. Seul au milieu des champs,
Sur un coteau pierreux, un moulin aux murs blancs
Sentant venir l'orage a replié ses ailes.
Le meunier l'a quitté. Des colombes fidèles
Semblent du haut du toit consulter l'horizon.
Les passereaux se sont blottis dans un buisson.
Le vent sur le chemin soulève la poussière.
Au loin j'entends déjà le bruit sourd du tonnerre.
Je vais chercher asile au bourg de Saint-Michel.
Là, tournant son rouet et ne pensant qu'au ciel,
Vit une vieille fille à l'âme douce et forte.
Bien souvent devant moi s'est ouverte sa porte.
Auprès de son foyer tranquillement assis,
J'éviterai l'orage, écoutant ses récits,
Où revivent les jours lointains de ma jeunesse,
Mêlés comme les siens de joie et de tristesse.

LE LAC DE TRASIMÈNE

Je côtoyais un jour le lac de Trasimène ;
L'aurore se levait ; les îles étaient d'or.
Sous de grands oliviers qui frémissaient à peine,
Des pâtres se baignaient dans l'onde fraîche encor.

Quelques martinets noirs effleuraient de leur ombre
Le clair miroir des eaux où glissait le soleil.
Au loin un vieux couvent, sur des monts d'azur sombre,
Dressait ses murs de brique et son clocher vermeil.

Je passais sans songer aux légions romaines ;
Le lac doré fuyait, quand mon esprit soudain
S'éveilla comme au bruit des hordes africaines ;
Je crus voir Annibal et son masque d'airain.

Et je pensais à Rome, à cette forte race,
Qui n'a jamais plié sous les plus lourds revers,
Toujours se relevant plus fière et plus tenace,
Pour venger sa défaite et dompter l'univers.

LE SOUTERRAIN D'ARTHON

En cherchant les débris d'un aqueduc romain,
Sur une plaine aride où pousse la bruyère,
Je longeais les abords d'un sombre souterrain
Par les Celtes creusé dans la roche calcaire.

Au temps où nos aïeux plantèrent les menhirs,
Il servit, pour les chefs, de grotte sépulcrale.
Leurs os ont disparu, comme leurs souvenirs,
Par les siècles mêlés à la terre natale.

C'était un jour d'automne, et, devant moi fuyant,
Les grives s'envolaient des buissons d'aubépines ;
Des moutons sans berger, de même s'effrayant,
Couraient, éparpillés sur les landes voisines.

Mais je vis tout-à-coup sortir du souterrain,
En rampant au milieu des herbes renversées,
Un pâtre de seize ans, une corne à la main,
Soufflant pour ramener ses brebis dispersées.

Puis une tête blonde avec de jolis yeux
Parut, mais aussitôt, rougissante et pudique,
Sous la grotte rentra. Ces enfants amoureux
Abritaient leurs baisers dans un tombeau celtique.

Arthon-en-Retz.

CLISSON

Les lierres où le vent fait passer un frisson,
La clématite verte et les ronces fleuries
Recouvrent les vieux murs du château de Clisson,
Masse énorme, debout sur le bord des prairies.

A ses pieds la rivière aux écumes d'argent
Coule entre les rochers en cascades bruyantes.
L'aune touffu, le tremble au feuillage changeant,
Y jettent la fraîcheur de leurs branches pendantes.

Étagés au soleil sur les coteaux voisins,
Des toits de tuile rose et d'élégants portiques,
Au milieu des lauriers, des cyprès et des pins,
Regardent le manoir sombre et ses tours gothiques.

Ce beau site a toujours séduit les amoureux,
Les peintres, les rêveurs, tous ceux qui, dans la vie,
Recherchent l'idéal et les horizons bleus.
Ils croient ici trouver la beauté poursuivie.

Quand l'air est parfumé des senteurs du lilas,
Des ormes reverdis et des blanches épines,
Avec celle qu'on aime et lui parlant tout bas,
Il est doux de passer, Clisson, sur tes collines !

LA PLAINE

Les champs de blé sont encor verts,
Mais leurs beaux épis s'alourdissent.
Les bluets étoilés fleurissent
Auprès des pavots entr'ouverts.

Quand le vent souffle sur la plaine
On dirait des flots agités
Où le ciel nuageux promène
Ses ombres avec ses clartés.

Des moulins blancs aux longues ailes
Sur les mamelons sont assis ;
De loin en loin des toits jaunis
Et des bouquets d'arbrisseaux grêles.

Le bourg au pied de son clocher
Se groupe au cœur de la presqu'île,
Le soleil d'or va se coucher
Dans la mer bleuâtre et tranquille.

Autrefois devant ces tableaux
J'ai bien rêvé dans mon enfance.
J'aime toujours ce grand silence
Planant sur les blés et les eaux.

La Plaine, au pays de Retz.

DOM LOBINEAU
HISTORIEN DE LA BRETAGNE *

---

cA M. ARTHUR DE LA BORDERIE

Dans ce cloître où la mer, au milieu du silence,
    Fait entendre sa grande voix,
Dom Lobineau, lassé de son labeur immense,
    Vint se reposer autrefois.

Pour chasser à jamais les fables de l'Histoire,
    Il avait souffert et lutté,
Aimant d'un même amour, au-dessus de la gloire,
    La Bretagne et la Vérité.

* Le 3 mai 1886, à Saint-Jacut-de-la-Mer, eut lieu l'inauguration du monument érigé à la mémoire de Dom Lobineau, par les soins de Mgr Bouché, évêque de Saint-Brieuc et Tréguier, avec le concours de la Société des Bibliophiles bretons et des Sociétés d'Archéologie d'Ille-et-Vilaine et des Côtes-du-Nord. C'est un menhir surmonté d'une croix élevé dans le cimetière où ont été jetés les ossements de l'illustre bénédictin. Après un service solennel présidé par Mgr Bouché, l'éloge de Dom Lobineau fut prononcé près de ce monument par M. Arthur de la Borderie.

Il mourut, et bientôt dans l'étroit cimetière
     On dispersa ses ossements.
Son nom ne fut pas même écrit sur une pierre :
     Ses ennemis étaient puissants !

Il avait défendu les droits de l'Armorique ;
     On voulait les faire oublier ;
Mais son œuvre était là, comme un granit celtique
     Qu'aucun marteau ne peut plier.

La Bretagne aujourd'hui, fidèle à sa mémoire,
     Dresse un menhir sur son tombeau,
Et met, en l'entourant d'une tardive gloire,
     Un nimbe au front de Lobineau.

Ami, nous penserons souvent à l'abbaye
Au milieu des jardins s'élevant rajeunie,
A l'évêque notre hôte y rassemblant un jour
Ceux qui pour la Bretagne ont un ardent amour.
Tous nous étions venus rendre hommage à la gloire
Du vieux moine oublié, père de notre histoire.
Nos âmes garderont longtemps le souvenir
Des Bretons réunis au pied de ce menhir,
Et dans ce cimetière écoutant la louange

De notre race antique et qui jamais ne change.
Autour de nous les fleurs parfumaient les tombeaux ;
Nos regards découvraient des îles sur les eaux,
Un manoir dans les bois, *Thébaïde des Grèves,*
Où vécut un poète aussi doux que ses rêves*,
Les bords de l'Arguenon et leurs landiers fleuris
Ouverts sur l'Océan aux lointains infinis...

Quand vint le soir, parut, image de la Gloire,
Le feu du cap Fréhel aux éclats passagers,
Eclairant par instants les flots et les rochers,
Puis les abandonnant bientôt dans la nuit noire !

* Hippolyte de la Morvonnais.

LE JEUNE MAITRE

La ferme est au bord d'un étang,
Sous des saules aux branches grêles.
Le jeune maître vient souvent,
L'hiver, y chasser les sarcelles.

Mais la fille du vieux fermier
Est fraîche comme une églantine,
Et le cœur du beau chevalier
Bat bien vite dans sa poitrine.

En voyant les jolis yeux gris
Et le cou blanc de sa fermière,
Il s'en est follement épris ;
Mais la jeune fille est sévère.

Le chevalier languit d'amour,
La paysanne est toujours sage.
Il souffre, et la folie un jour
Paraît sur son pâle visage.

Des gardes veillent près de lui,
Dans le grand château de son père.
De tristesse est morte aujourd'hui
Sa gentille et douce fermière.

LA GUÉRITE DE SAINT-GOUSTAN

Quand sur la grève désolée
L'ouragan roule en tourbillons
Les flocons d'écume salée
Et les débris de goëmons,
Je me blottis dans la tourelle
Où veillait jadis un guetteur,
Auprès d'une vieille chapelle,
Pour t'admirer, mer en fureur !

O mer blanchissante et superbe,
Qui pourrait te voir sans effroi
Tordre et broyer comme brins d'herbe
Les vaisseaux qui passent sur toi ?
A tes mugissements sauvages,
Tremblent les rochers de granit,
Quand tu rejettes sur les plages
Les morts qui dormaient dans ton lit.

Nul artiste ne saurait peindre
Ta lutte folle avec les vents,
Tes bonds qui paraissent atteindre
Les nuages bas et traînants,
Tes ondes grises et noirâtres
Où tombent soudain des lueurs,
Eclairant des reflets verdâtres,
Des jeux sublimes de couleurs.

Parfois, auprès de ma guérite,
Les oiseaux cherchent des abris,
Mais à ma vue ils fuient bien vite
Et sur les flots j'entends leurs cris.
Sous mes yeux est un cimetière
Avec ses tombeaux ensablés.
Dans ma tourelle solitaire
Mes rêves ne sont pas troublés.

    Le Croisic.

LA CATHÉDRALE DE NANTES

—

A MARIE JENNA

Depuis quatre cents ans, ô vaste cathédrale,
Les générations ont versé des flots d'or,
Pour dresser dans les cieux ta voûte colossale ;
Et l'heure du repos n'est pas venue encor.

Il approche pourtant, le jour où la lumière
Inondera tes nefs à travers les vitraux,
Et fera resplendir dans leur beauté sévère
Les figures de marbre autour de tes tombeaux.

Bientôt il croulera, le dôme lourd et sombre,
Débris resté debout entre tes larges bras,
Sous qui se sont assis des évêques sans nombre,
Et que les siècles seuls n'ont pu jeter à bas.

O cathédrale, immense ainsi qu'une montagne,
Il nous fallait un temple aussi vaste que toi,
Pour garder le tombeau de la vieille Bretagne,
Symbole merveilleux de noblesse et de foi !

Vous veillez près de lui, sublimes sentinelles,
En portant dans vos mains le glaive et le compas,
Le fanal et la tour, ô Vertus immortelles :
Vos pieds de marbre blanc ne se lasseront pas !

LE CONVOI D'UN POÈTE

—

A LA MÉMOIRE DE CH. ROBINOT-BERTRAND

———

La cloche tristement tintait sur la colline.
Dans les prés inondés, les peupliers jaunis
S'inclinaient sous le vent qui chassait la bruine.
La Loire au pied du bourg roulait ses flots ternis.

Quelques rares amis suivaient le doux poète,
A son pays natal revenant pour dormir.
Sol maternel, sur toi qu'il repose sa tête,
Son front endolori, qui l'a tant fait souffrir !

Oh ! que l'oubli vient vite autour de ceux qui souffrent
Et qui ne peuvent rien pour les plaisirs d'autrui !
Dans l'abîme du temps combien de noms s'engouffrent
Sur qui durant un jour un rayon avait lui !

C'est ici qu'il rêva sa *Légende rustique,*
Qu'il médita ses chants *au bord du fleuve* écrits,
· Devant cet horizon brumeux et poétique,
Dans ces prés verdoyants plantés de saules gris.

Il aimait ces îlots où volent les mouettes,
La pente qui conduit au sommet du coteau,
Ces humides sentiers pleins de bergeronnettes,
Ces cyprès qui vont faire une ombre à son tombeau.

Dors en paix, pauvre corps, après tant d'amertumes.
Si tes yeux pour jamais sont clos par le sommeil,
L'esprit qui t'habitait, fuyant nos tristes brumes,
D'un coup d'aile est monté vers le divin soleil.

Basse-Indre, 27 octobre 1885.

TABLE

———

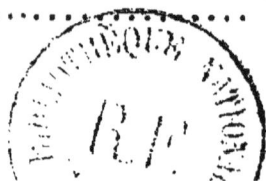

Achevé d'imprimer à Nantes

PAR VINCENT FOREST ET ÉMILE GRIMAUD

Le 22 mai 1886

www.ingramcontent.com/pod-product-compliance
Lightning Source LLC
Chambersburg PA
CBHW052115090426
42741CB00009B/1819